W w
D d
H h
F f
B b
G g
K k
Sch sch
Z z
V v
Qu qu
J j
W0400914

Lesestart

mit Schulausgangsschrift

Erstlesewerk
nach der analytisch-synthetischen
Leselehrmethode

von
Prof. Dr. Gerhard Dathe
Christine Dathe
und
Marianne Schiffner

Cornelsen

KAUFHAUS
POST
BANK
KIOSK
IMBISS
Burgmuseum
Zoo →
Zentrum ←
Bahnhof ←
P
H
T

RATHAUS
ULBUS
SCHULE

U m i

U
u

Umi
Um
U
Um
Umi

Umi

Aa Bb Cc Dd Ee
Ff Gg Hh Ii Jj Kk
Ll Mm Nn Oo Pp
Ququ Rr Ss Tt Uu
Vv Ww Xx Yy Zz
Suse
Rita
Toto
Umi
U m _ U _ i _ m i

ist

Umi ist im 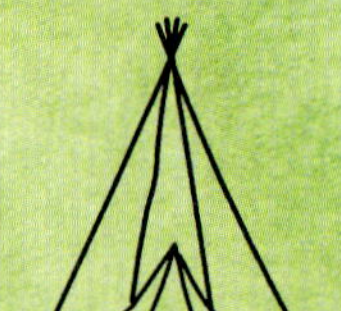

Umi
im

| U | m | i | | i | m |

Zum Vorlesen

Heute ist das Wasser warm,
heute kann's nicht schaden,
schnell hinunter an den See,
heute gehn wir baden!

Adolf Holst

ist Umi im 

Umi ist im 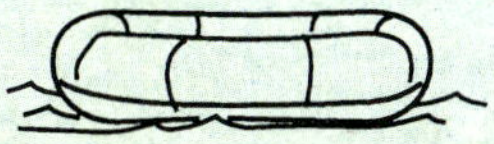

ist Umi im 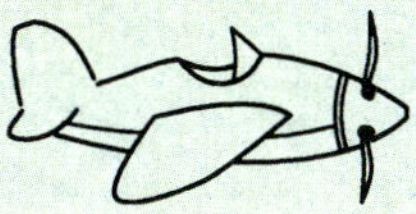

im 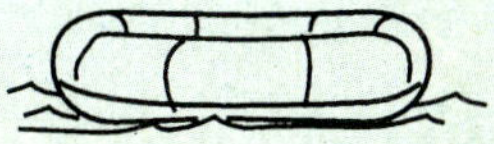 ist Umi

Umi
mi
i
mi
Umi

Lulu

L		l		Lu	

Lulu ist im 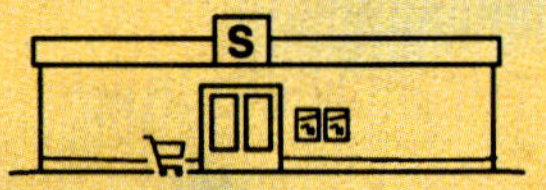

Umi ist im 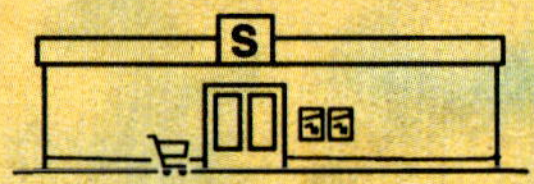

Lulu ist ...

Umi ist ...

Lulu
Lul
Lu
Lul
Lulu

Uli

| U | | | li |

Uli ist im 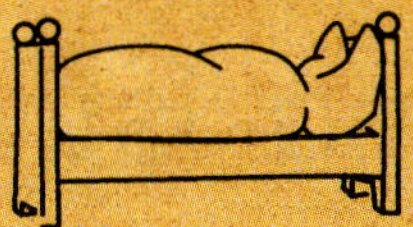

Uli …

ist Umi im 

Umi ist im 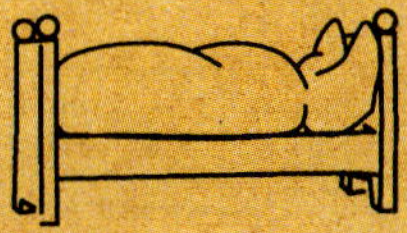

Uli
Ul
U
Um
Umi

M	m
M	*m*

Zum Vorlesen

Weißt du's?

Ich kenn zwei kleine Fensterlein
in einem kleinen Haus,
draus guckt den lieben langen Tag
ein kleiner Schelm heraus.

Georg Christian Dieffenbach

a
a

Mama

Ma | | | ma

am

Mama ist am 

am  ist Lulu

ist Umi am 

im  ist Umi

Mama
Mam
Ma
Mam
Mama

Mama …

Lulu ist am 

am  ist Uli

ist Umi am 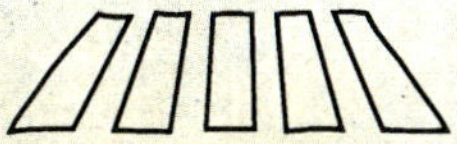

im  ist Umi

Ma ma
am

sind

und

Mama und Uli sind am 

Lulu und Umi sind im 

am
im

Umi und Lulu sind am 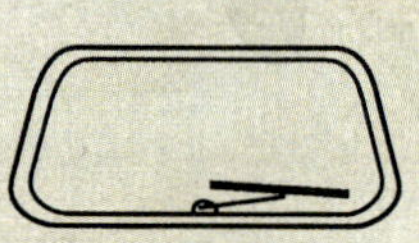

Mama und Lulu sind am 

Lulu und Mama ...

am  sind Uli und Umi

Umi und Uli ...

O	o
O	*o*

Oma

O			ma

Oma ist im 

Oma
Om
O
Om
Oma

Lulu und Umi sind im 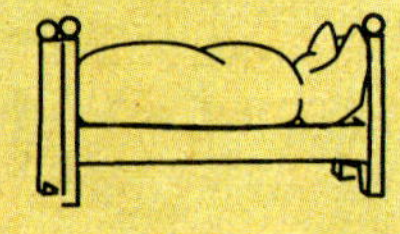

Oma …

Uli …

im  sind Oma, Lulu, Uli und ...

Omi ...

am  ist Mama

Uli und Lulu sind am 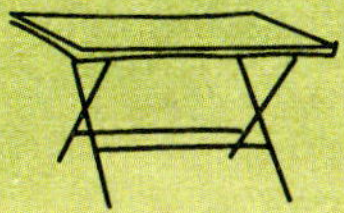

Umi ist im 

Oma
Om
O
Om
Omi

Toto

Toll, Toto ist mit Uli,

mit Umi und Lulu im 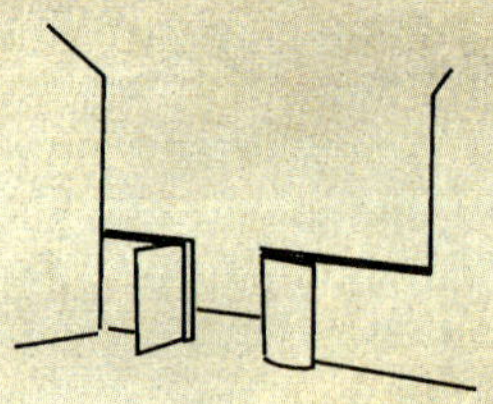.

Toto und Uli ...

Lulu und Umi sind am 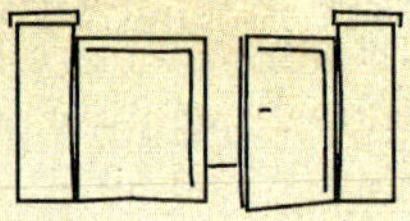.

Malt Umi ?

Umi malt ...

Toto
oto
to
oto
Toto

Zum Vorlesen

Die kleine Fußballmannschaft

Wir spielen hinterm Haus
und zwischen hohen Wänden.
Bei uns gibt es kein Aus –
nur Tore an den Enden.

Herbert Erdmann

Mimi, Tim und Tom sind ...

Tim ist mit Mimi am .

Toll, im 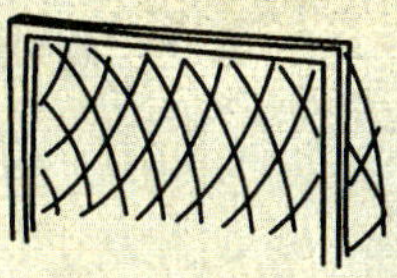 ist Tom.

Tom, Tom, Tim ist am .

Tim ...

Tim
Ti
T
To
Tom

Zum Vorlesen

Bunte Kreide

Wie die liebe Sonne strahlt,
wie der Mond am Himmel steht:
all dies unsre Kreide malt,
nur nicht, wie die Welt sich dreht.

malt
mal
ma
m

Uli malt.

Uli malt Umi im .

Lulu malt Mama am .

Malt Umi Mama?

Umi malt .

Mama und Oma sind am .

m
ma
mal
malt

Toto malt Umi mit  .

Tim malt Umi mit  .

Malt Tom Umi mit  ?

Tom malt Umi mit 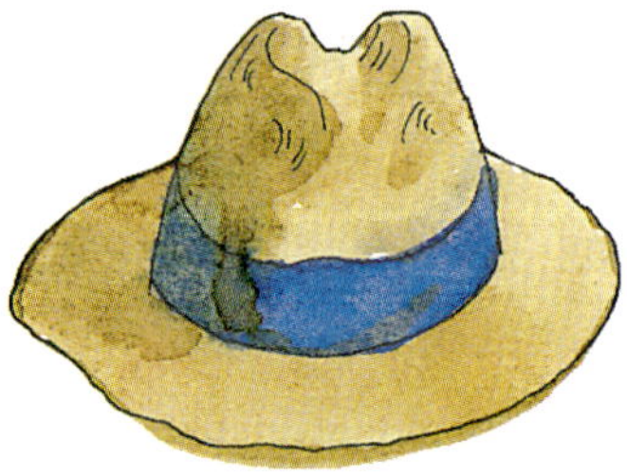 .

malt
mal
ma
m
mi
mit

Oma malt Umi mit  .

T	o			T			U			O			

U u
a
L l
i
M m
O o
T t
Umi

P	p
P	*p*

Papa und Opa

Papa und Mama sind am .

Papa …

Opa ist am .

Opa …

Papa
Pap
Pa
Pap
Papa

holt

Uli holt .

Lulu holt .

Umi holt .

Opa
Op
O
Op
Opi

N	n
N	*n*

Nina

Nina ist mit Mama …

Nina — Nina holt 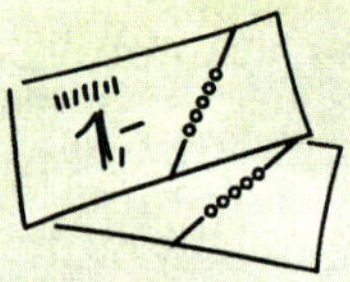 .

Nin

Ni — Oma und Lulu sind im  .

Nin

Nina — Toto ist im  .

N	i			T	o			M	a		

I	i
I	*i*

Ina

Ina ist mit Papa im  .

Tim holt Tom .

Ist Umi im  ?

Umi und Opa sind am …

Ina
na
a
na
Ina

I □ □   P a □ □   T □ □

Ela

Ela und Ute sind im ...

Ela ist im  .

Ute ist am  .

Ist Umi am  ?

Papa holt Umi .

Ela
El
E
El
Ela

Ute und Ela sind am .

Umi ist am 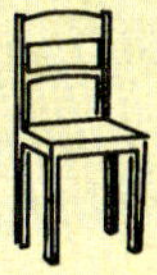.

Ute malt Umi mit 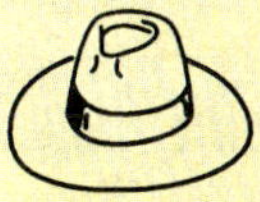.

Ela malt Umi mit .

Tim holt Tom.

Nun malen Tim und Tom Umi.

malt
mal
ma
mal
male
malen

Suse

Suse und Toto lesen.

Ute und Opa lesen.

Nun soll Umi lesen.

Umi soll mit Tom lesen.

Suse
Sus
Su
Sus
Susi

lesen

Zum Vorlesen

Ich nahm das kleine Buch zur Hand.
Mir wurden die Augen groß,
weil alles ringsumher verschwand.
Und schon ging die Reise los.

Frantz Wittkamp

lesen

lesen
lese
les
lese
lesen

A a
A a

Alle lesen

Anne und Suse lesen.

Tim und Ela lesen.

Alle lesen.

Nun soll Umi lesen.
Alle lesen nun mit Umi.

Alle malen

Uli und Suse malen mit 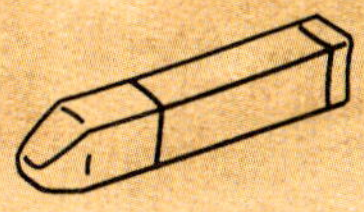 .

Anne und Tom malen mit 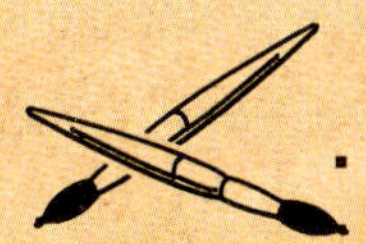 .

Lulu malt Umi.

Alle malen.

malen
male
mal
male
malen

Ei	ei
Ei	*ei*

Ein Ei

Ist ein  im Ei?
Ist eine  im Ei?
Nein, nein!
Im Ei ist ein .

Ist eine  im Ei?
Ist ein  im Ei?
Nein, nein!
Im Ei ist ein .

Ist ein  im Ei?
Ist ein 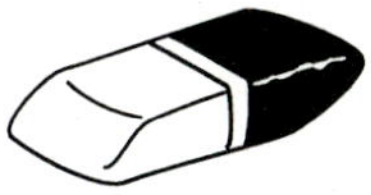 im Ei?
Nein, nein!
Im Ei ist eine .

In meinem Ei ist ...

R	r
R	*r*

Alle reiten

Alle reiten mit Lisa.
Ronni reitet mit Lisa.
Rita reitet mit Lisa.
Nun reitet Suse,
nun Tim, nun Tom.
Alle reiten.

reiten
reite
reit
reite
reitet

Alle reimen

Ronni reimt so:

Rita reimt so:

Suse reimt nun so:

ein	nein	ein
mein	rein	sein

W	w
W	*w*

Willi weint

Willi soll lesen.
Willi will mit Nina lesen.
Wo ist Nina?

Wo ist Mama?
Wo ist mein Umi?

Willi ist allein.
Willi ist so allein.

Alle wollen rollen

Willi und Uwe rollen mit einem  .
Rita und Suse rollen mit  .
Uli rollt mit seinem  .

Nun will Umi rollen.
Umi rollt in einer Tonne.

Eine Dose

D	d
D	*d*

Da ist eine Dose.
Es ist eine alte Dose.
Udo sammelt alte Dosen.

Was will er mit den alten Dosen?
Mit den Dosen will er …

Tolle Dosen

Nun sammeln Doris und Uli Dosen.
Es sind alte Dosen.
Doris malt alle Dosen rot an.

Was wollen Uli und Doris
mit den Dosen?
Doris und Uli wollen
mit den Dosen …

ie
ie

Sie lesen alle

Opa liest mit Uli.
Sie lesen in einem .

Was liest Mama?
Sie liest einen .

Papa liest in einer .

Umi will mit Lulu lesen.
Sie lesen im .

Um die Wette rennen

Da sind Anne und Suse.
Sie sollen um die Wette rennen.

Nun rennen sie los.
Anne rennt wie toll.
Suse rennt wie der Wind.
Nun holt sie Anne ein.
Das ist toll.

Zum Vorlesen

Spuren

Auf der Wiese
hin und her
steht es geschrieben
kreuz und quer:

H	h
H	*h*

Heino und sein Hund

Heino hat einen Hund.
Sein Name ist Nero.
Er ist mit ihm an einem See.
Der Hund tollt mit Heino herum.

Hier ging ein Mensch!
Hier ging ein Reh!
Hier lief ein Fuchs!
Hier sprang ein Hase!

Was du nicht siehst,
was ich nicht seh,
liest der Hund
mit seiner Nase.

Josef Guggenmos

Da sind Heidi und Willi.
Sie wollen mit dem Hund
um die Wette rennen.

Der Hund rennt los.
Heino, Heidi und Willi
rennen hinter ihm her.
Nun holen sie ihn ein.

Wir fahren mit dem Rad

F f
F f

Fred und Heidi fahren
mit dem Fahrrad.
Sie rufen Tom.
Er soll sein Fahrrad holen.

Oh, der Reifen!
Tom ruft Fred und Heidi.
Sie sollen helfen.
Wie werden sie helfen?

Wem helfen wir?
Wie helfen wir?

Wir helfen

Wir helfen

Wir helfen

Wir helfen

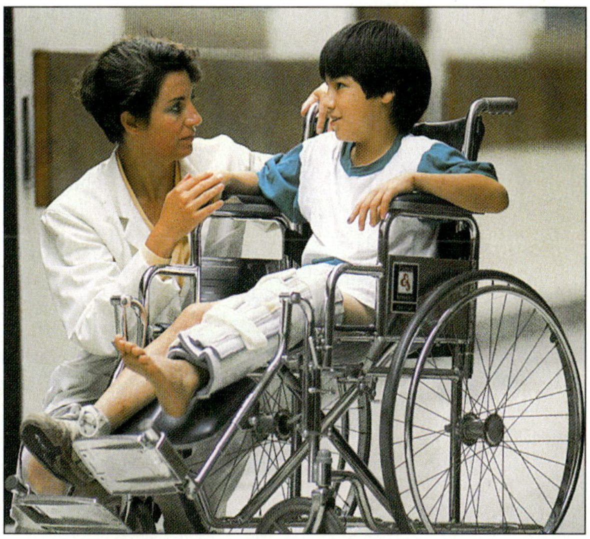

Das alte Auto

Au	au
Au	*au*

Tina und Tom sind im Haus.
Opa ruft sie.
Sie laufen aus dem Haus.
Auf dem Hof ist ein altes Auto.

Opa, Tina und Tom malen
das alte Auto an.
Wie malen sie das Auto an?

An der Ampel

Wir warten an einer Ampel.
Unsere Ampel ist rot.
Autos rasen heran.
Sie sind so laut!

Unsere Ampel wird [grünes Ampelmännchen].
Alle Autos halten an.

Nun laufen wir los.

Auf der Festwiese

B	b
B	b

Mit den Eltern sind wir auf der Wiese.
Wir haben einen Ball.
Es ist ein bunter Ball.
Wir werfen den Ball hin und her.

Dann werfen wir den Ball weit.
Wer wirft ihn am weitesten?
Papa? – Nein!
Mutti wirft ihn am weitesten.

Ein Boot

Tim, Tom und Ute wollen
ein Boot bauen.
Sie haben:
ein breites Brett als Boden,
einen alten Besen als Mast.
Das Brett binden sie
auf alte Tonnen.
Papa hilft ihnen dabei.
Das Boot soll prima werden.

G	g
G	*g*

Ein Igel

Gert und Helga gehen
in den Garten.
Helga ruft:
„O Gert, ein Igel!
Ein Igel in unserem Garten!
Wollen wir den Igel
mit ins Haus nehmen?“

Zum Vorlesen

Der Igel, der Igel
wohnt unterm Reisighügel,
ist unser guter Freund.
Ist ein Fuchs auf ihn erpicht,
kriegt er Stacheln ins Gesicht.

Sarah Kirsch

Gert fragt:
„Was werden
Papa und Mama sagen?“

Wollen Igel
im Haus leben?
Oder leben sie
lieber im Garten?

K k
K k

Wo ist Kati?

Die Kinder sind in der Klasse.
Sie lesen alle.
Nur Kati fehlt.
Wo ist Kati?

Kati liegt im Bett.
Der Hals tut ihr weh.
Sie hat Fieber.

Am Montag kommt Katis Mutti
in die Klasse.
Sie sagt: „Kati hatte Fieber.
Morgen kommt sie wieder."
Da sind alle Kinder froh.

Ch ch
Ch ch

Wo ist Umi?

Lulu weint.
Was hat sie nur?
Sie sucht Umi. Umi ist weg.

Lulu sagt immer nur:
„Ich will nicht."

„Ich will nicht malen."
„Ich will nicht essen."
„Ich will nicht reden."

„Wo ist mein Umi?“

Lulu liegt im Bett.
Mutti kommt ans Bett.
Im Arm hat sie Umi.

Lulu sieht Umi und lacht.
„Mein Umi! – Mein Umi!“

Sch	sch
Sch	*sch*

Gefunden

Die Schule ist aus.
Willi und Ute gehen nach
Hause.
Auf dem Weg finden sie
eine kleine, rote Tasche.
In der Tasche ist Geld.

„Au fein!“, sagen sie.
„Wir behalten es.“

„Mutti hat bald Geburtstag.
Dann kaufen wir ihr etwas Tolles.“

Da kommt Uli.
Er kennt die Tasche.
Es ist Oma Schumanns Tasche.
Was machen sie nun?

Ü	ü
Ü	ü

Nach der Schule

Wo ist nur der Schlüssel?
Überall sucht Günter.
Er holt alle Bücher
aus der Tasche.

Nein, der Schlüssel ist nicht da!
Was soll Günter nun tun?

Günter überlegt:
Was mache ich nur?

Soll ich an der Tür warten?
Soll ich noch mal in die Schule laufen?
Soll ich Oma besuchen?

Ich sollte doch für Mutti einkaufen.
Was mache ich nur?

Ä ä

Ä ä

Am Abend

Uli liegt im Bett.
Er kann nicht schlafen.
Keiner ist da.
Uli macht das Licht an.
Er holt seinen Bären ins Bett.
Er hält ihn im Arm.

Uli kann immer noch nicht schlafen.
Er holt das Äffchen ins Bett.

Ö ö
Ö ö

Da hört Uli das Telefon.
Das ist sicher die Mutti!
Uli nimmt den Hörer ab.
Es ist Mutti.

Uli sagt: „Mutti, ich schlafe schon!“
„Das ist schön“, sagt Mutti und lacht.

Schnell huscht Uli ins Bett.

Z z
Z z

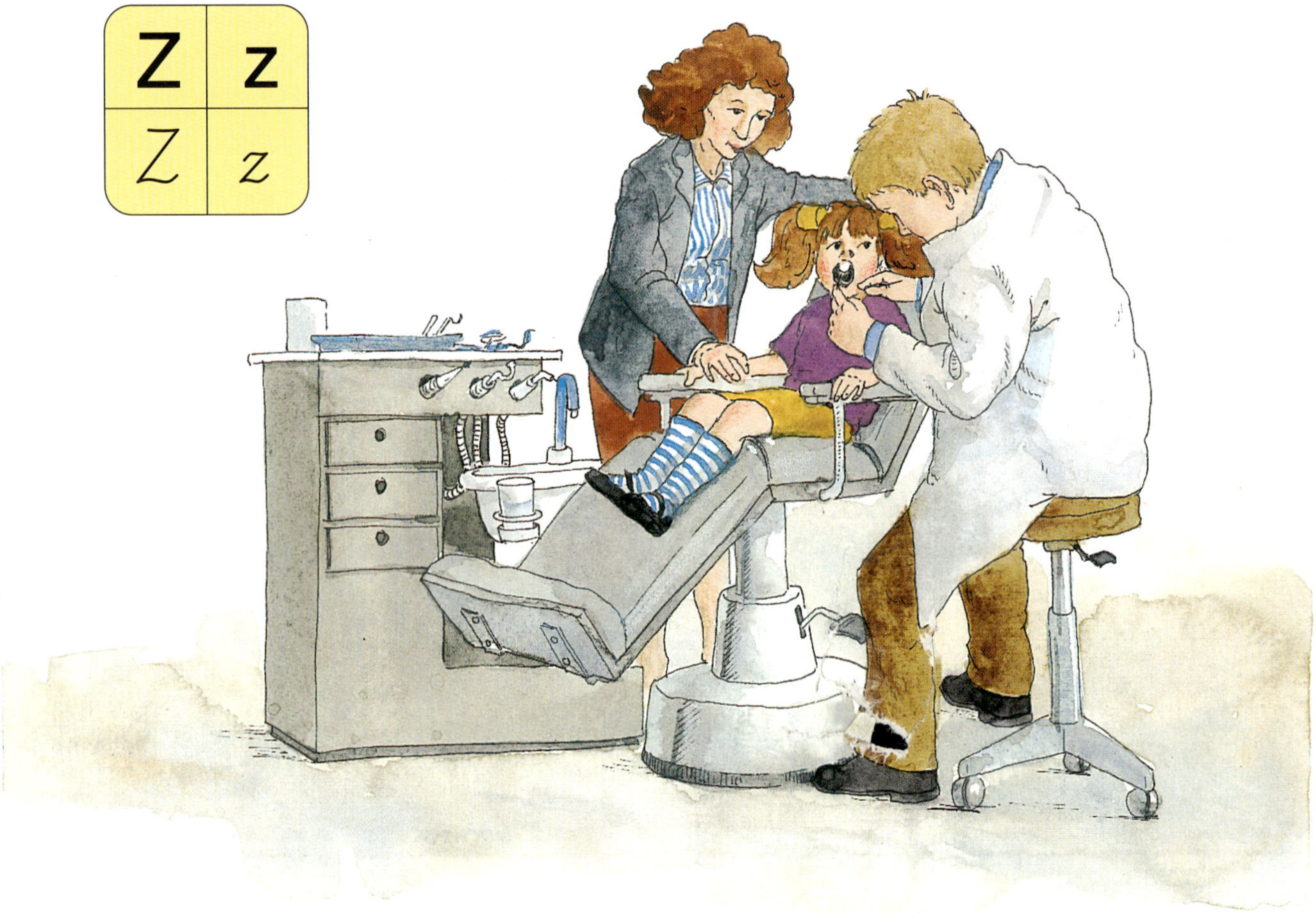

Beim Zahnarzt

„Au, au, mein Zahn, mein Zahn!“
Lulu weint.

„Wir müssen zum Zahnarzt gehen“,
sagt Mutter.

Lulu nimmt Umi mit.
Der Zahnarzt schaut sich
Lulus Zähne an.

„In deinem Zahn ist ein kleines Loch“,
sagt er.

Der Zahnarzt bohrt
ganz sacht.
Es tut gar nicht weh!

„Und was ist mit deinen Zähnen?“,
fragt er Umi.

Umi macht sein Maul
ganz fest zu.
Er will seine Zähne nicht zeigen.

Mein großer Bruder

Mein großer Bruder heißt Olaf.
Olaf geht schon in die achte Klasse.
Er sammelt gern Briefmarken.
Dafür hat ihm Papa ein Album gekauft.
Auf weißen Blättern ordnet er
seine Marken nach Ländern.
Ich schaue ihm oft dabei zu.

Sammelst du auch Briefmarken?
Welche Länder kennst du schon?

tz
Tz

Im Zoo

Mit unserer Klasse sind wir im Zoo.
Besonders beliebt sind die Affen.
Dort geht es immer lustig zu.

Zuerst sitzen die Affen ganz ruhig auf Ästen.
Doch plötzlich saust ein großer Affe los.
Alle Affen flitzen hinter ihm her.
Ein Äffchen ist mit einem Satz bei ihm
und zieht ihn am Schwanz.
Da müssen wir lachen.

Eu	eu
Eu	*eu*

Der neue Freund

Tim hat einen neuen Freund.
Er heißt Ali.
Heute geht Ali zu Tim.
Was wollen sie machen?
Sie wollen sich eine neue Bude bauen.
Die alte Bude war nicht mehr schön.
Mit Säge, Hammer und Nägeln machen sie sich an die Arbeit.

Am Abend kommen Oma und Opa.
Sie schauen sich die neue Bude an.
Opa sagt:
„Eure neue Bude ist prima!“
Da freuen sich die beiden Freunde.

Vater

V	v
V	*v*

Vater ist noch nicht zu Hause.
Wo bleibt er heute nur?

Vielleicht ist viel Verkehr.
Vielleicht ist dichter Nebel.
Vielleicht hat er noch viel zu tun.

Endlich kommt Vater.
Was war nur los?

Wenn Vater von der Arbeit kommt,
ist er oft müde.

Aber heute hat er
Zeit für uns.

Er liest uns noch
aus einem Buch vor.

Wir fahren zu Onkel Frank

nk
nk

Wir fahren mit dem Auto
auf der Autobahn.
Viele Autos überholen uns.
Wir winken ihnen zu.
Vati blinkt und fährt
auf die linke Fahrbahn.

Zum Vorlesen

Autos haben Gummipfoten
und ein Fell aus Lack und Blech.
Manchmal blinzeln ihre roten
Katzenaugen ziemlich frech.

Jürgen Rennert

ng
ng

Viele Autos fahren,
blinken und überholen.
Weiter geht die Fahrt,
bergauf und bergab!
Wir sehen Autos, Autos, Autos.
So eine lange Schlange!

ck

ck

Geburtstag

Tim hat Geburtstag.

Mutter bäckt den Kuchen.
Vater deckt den Tisch.

Endlich ist es so weit.
Es klingelt.

Tim öffnet die Tür:
„Kommt alle herein!“

Die Kinder gratulieren ihm.

Willi sagt:
„Ich schenke dir
ein tolles Auto.“

Anne sagt:
„Und ich ein lustiges Buch.“

„Gefällt dir der bunte Ball?
Den schenke ich dir“,
sagt Uli.

Tim ist glücklich.

Äu	äu
Äu	*äu*

Schöne Träume

Ute träumt
von einer weiten Reise
in ein fernes Land.

Olaf träumt
von den Ferien auf dem
Bauernhof,
vom Reiten auf seinem Braunen.

Und wovon träumst du?

Wovon träumen sie?

Das Mäuslein
läuft in sein Mauseloch,
macht die Äuglein zu
und träumt.

Der Hund legt sich
in seine Hütte,
macht die Augen zu
und träumt.

Das Häschen
hoppelt in seinen Bau,
macht die Äuglein zu
und träumt.

Und Umi?

St	st
St	*st*

Sterne

Es ist schon dunkel.
Bald ist Nacht.

Vater und Steffi stehen am
Fenster.
Sie schauen zum Himmel.

Sterne, Sterne,
überall Sterne!

Steffi staunt.

Vater erklärt Steffi
die Sternbilder.

Stern, Stern
scheine,
der Mond,
der ist
noch kleine.

Singe, Vogel,
singe,
der Mond
ist guter Dinge.

Spaß bei Sport und Spiel

Sp	sp
Sp	*sp*

Am Samstag ist ein großes Schulfest.
Es gibt spannende Spiele und viel Spaß.

Alle Kinder wollen mitspielen.
Wer springt am weitesten?
Wer springt am höchsten?
Wer fährt am besten?

So ein Quatsch!

Qu	qu
Qu	*qu*

Es quieken die Frösche.
Es quaken die Bremsen.
Es qualmen die Schweine.
Es quietschen die Schornsteine.

Kennst du
noch mehr Wörter mit Qu, qu?

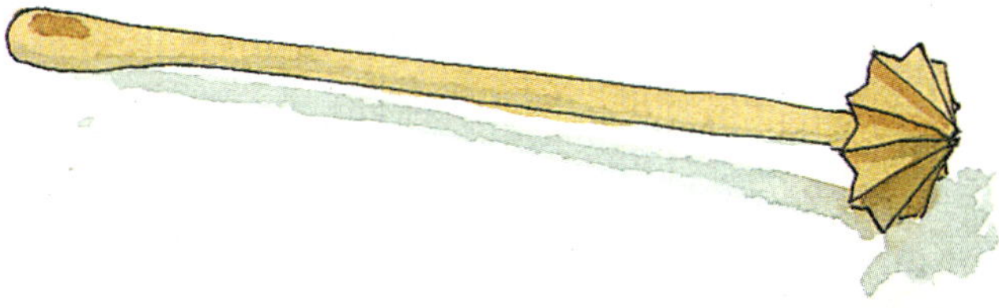

Pf	pf
Pf	*pf*

Der dicke, fette Pfannkuchen

Die Mutter hatte
einen dicken, fetten Pfannkuchen
gebacken.
Die Kinder wollten ihn essen.

Da hüpfte er
aus der Pfanne
und lief fort.

Er lief den Kindern fort,
dem Groβvater,
der Katze,
dem Hahn,
der Gans
und dem Schwein.

Er lief immer weiter
in die Welt hinein.

Geburtstagskalender der Klasse 1

J	j
J	*j*

Januar

11. Jochen
23. Nina

Februar

6. Maja
15. Anna
28. Timo

März

3. Steffi
15. Jutta
30. Jürgen

April

1. Umi
12. Uli

Mai

5. Maike
7. Kai

Juni

3. Sonja
12. Jörg
24. Martin

ai

ai

Juli

23. Katja
27. Benjamin

August

6. Willi
12. Rainer

September

3. Jan
15. Vera

Oktober

12. Anke
21. Jonas

November

16. Jakob
24. Tanja

Dezember

6. Lulu
24. Christa

Hallo, Taxi!

X	x
X	*x*

Wir sind bei Oma und Opa
zu Besuch.
Es ist spät geworden.

Vati sagt:
„Jetzt fahren wir gleich
mit einem Taxi nach Hause."

Jutta geht zum Telefon:
„Bitte ein Taxi."

Y y
Y y

„Hallo!
Hier ist Meyer,
Rosenstraße 5.
Nein, Meyer nicht mit i,
sondern mit Ypsilon."

„Ja, ja,
ich habe
verstanden.
Meyer mit
Ypsilon."

Die ganze Familie

Der Vater, der heißt Daniel,
der kleine Sohn heißt Michael,
die Mutter heißt Regine,
die Tochter heißt Rosine,
der Bruder, der heißt Christian,
der Onkel heißt Sebastian,
die Schwester heißt Johanna,
die Tante heißt Susanna,
die Oma heißt Ottilie,
nun kennst du die Familie.

Es war eine Mutter

Es war eine Mutter,
die hatte vier Kinder:
den Frühling, den Sommer,
den Herbst und den Winter.

Der Frühling bringt Blumen,
der Sommer bringt Klee,
der Herbst bringt uns Trauben,
der Winter den Schnee.

Volksgut

Kennst du die Zahlwörter?

Ein Schweinchen
läuft im Sauseschritt.

Zwei Luftballons
kannst du dir kaufen.

Drei Sterne
blinken hell herab.

Vier Beine
hat der kleine Hund.

Ein Hühnchen
trippelt eilig mit.

Zwei Schuhe
brauchst du um zu laufen.

Drei Ponys
laufen trab – trab – trab.

Vier Bälle
rollen rund und bunt.

Fünf Würstchen
frisst der Bello hier.

Sechs Vögel
fliegen dort im Wind.

Sieben Mücken
tanzen einen Reigen.

Acht Punkte
hat der bunte Ball.

Neun gelbe Kerzen
brennen hell.

Fünf Blumen
schenkt der Umi dir.

Sechs bunte Murmeln
hat das Kind.

Sieben Kirschen
schaukeln an den Zweigen.

Acht Hühnchen
laufen in den Stall.

Neun Regentropfen
fallen schnell.

Bernd Gärtig

Der Bärentanz

Brummtari und brummtara,
hoch das Bein und hopsassa,
eins und zwei und brummelbrumm,
links und rechts im Kreis herum.

Brummtara und brummtari,
Bären sind kein Federvieh,
Honigmaul und Stummelschwanz,
ja, so geht der Bärentanz.

Nils Werner

Die Sonne hat es gut

Die Sonne lacht draußen.
Drinnen im Klassenzimmer
ist es sehr warm.

Hans tut die Hand weh.
Lilo kann nicht mehr sitzen.
Juttas Kopf wird immer schwerer.
Arne denkt: Die Sonne hat es gut.
Die hat Ferien.

Peter Abraham

Sachen zum Lachen

Die Mücke

Es war mal eine Mücke,
und zwar 'ne ziemlich dicke.
Sie steckte ihren Rüssel
in jede Suppenschüssel,
bis er ihr eines Tags verbrannt,
'ne Mücke ist kein Elefant.

Thomas Luthard

Für immer?

„Mutti, ich gehe jetzt mit Rolf spielen!"
„Habt ihr euch nicht für immer verzankt?"
„Ja, aber immer ist jetzt vorbei!"

Die Halbzeit

„Vati, darf ich mir heute Abend
das Fußballspiel im Fernsehen
anschauen?"
„Ja, aber nur eine Halbzeit!"
„Fein, dann nehme ich die zweite!"

Der Wunsch

„Na, was wünschst
du dir denn,
ein Brüderchen oder
ein Schwesterchen?“

„Ach, wenn es dir
nichts ausmacht,
Mutti, ein Fahrrad!“

Die Sonne oder der Mond

In der Schule fragt der Lehrer
die Kinder:
„Wer ist denn nun wichtiger,
die Sonne oder der Mond?“
Da meldet sich Hansi und sagt:
„Das ist doch ganz klar,
der Mond ist viel nützlicher.
Die Sonne scheint,
wenn es sowieso hell ist.“

Vera Ruoff

Regenlied

Es regnet, es regnet,
der Kuckuck wird nass,
wir sitzen im Trocknen,
was schadet uns das.

Es regnet, es regnet,
es regnet seinen Lauf,
und wenn's genug geregnet hat,
dann hört's auch wieder auf.

Es regnet, es regnet,
es regnet, was es kann,
und wenn's genug geregnet hat,
dann fängt's von vorne an.

Volksgut

Nasse Rätsel

Der Himmel sieht ganz dunkel aus,
es prasselt hart auf unser Haus
wie lauter Kieselsteine.
Wer weiß wohl, was ich meine? Hagel

Was ist das für ein Tier?
Bei Sonne bleib ich im Haus,
bei Regen komm ich heraus. Regenwurm

Die Bäume stehn im Glitzerkleid.
Hat es geschneit?
Doch wie ich auf die Erde seh,
liegt dort kein Schnee,
aber das Dach von unserm Haus
sieht silbern aus.
Das glänzt und blinkt im Mondschein.
Was mag das sein? Raureif

Ein Vorhang aus Luft und Duft gewoben
und von dem Wind geschwind zerstoben.
Was ist es?
Ihr wisst es! Nebel

Über welche Brücke
kann niemand gehen? Regenbogen

Ingrid Heller

Mein Freund und ich

Das ist Jens.

Er wohnt in der gleichen Straße,
nur zwei Häuser weiter.
Wir verstehen uns gut.

Morgens gehen wir
zusammen zur Schule.

Nachmittags spielen wir gemeinsam.
Mit unserem Rad
sausen wir die Straße hinunter.

Wir laufen auch oft Rollschuh.
Jens hat immer neue Ideen.

Neulich haben wir aus
alten Decken
eine Bude gebaut.

Als ich krank war,
hat Jens mich besucht.
Da haben wir zusammen
mit Legosteinen gespielt.

Es ist gut
so einen Freund zu haben.

Das wünsch ich mir

Ich möcht ein bisschen glücklich sein.
Ich möchte mich mit andern freun.
Ich wünsch mir, dass mich jemand fragt:
„Wie geht es dir?“, und einfach sagt:
„Ich mag dich und bin gern bei dir!“

Das wünsch ich mir!

Rolf Krenzer

Schon seit Tagen

Schon seit Tagen
zählt der Igel
seine Stacheln
auf dem Hügel.

Zählen jedoch,
weiowei,
kann der Arme
nur bis drei.

Kommt deshalb
zu keinem Ziele,
zählt nur immer:
eins, zwei, drei und viele.

Alfred Könner

Eine gute Frage

Ein Igel liebte eine Maus.
Doch sobald er sich ihr näherte,
lief sie davon.
Das machte den Igel sehr traurig.

„Warum muss ausgerechnet ich
so viele Stacheln haben?“,
fragte er den schlauen Fuchs.

„Das verstehe ich auch nicht“,
antwortete der Fuchs.
„Mir wärst du ohne Stacheln viel lieber.“

Manfred Mai

Fips, der kleine Hund

Das ist der kleine Fips.
Er lässt den Schwanz hängen.
Fips ist gar nicht froh.
Er lässt die Ohren hängen.
Er ist so traurig.

Fips, was fehlt dir?
Niemand spielt mit ihm.
Niemand gibt ihm Futter.
Fips hat kein Zuhause.

Fips läuft die Straße hinunter.
Er guckt nach rechts.
Er guckt nach links.
Vor jeder Pforte bleibt er stehen.
In jeden Garten guckt er hinein.

Will denn niemand einen kleinen
Hund haben?

Ture Casserberg

Segelbootpartie

Igels machen sonntags früh
eine Segelbootpartie.
Und die Kleinen jauchzen froh,
denn das Boot, das schaukelt so.
„Fallt nicht raus“, ruft Mutter Igel,
„denn ihr habt doch keine Flügel.
Wenn ihr dann ins Wasser fallt,
hu, da ist es nass und kalt.“

Erich Weinert

Vom Riesen Timpetu

Pst! Ich weiß was. Hört mal zu:
War einst ein Riese Timpetu.
Der arme Bursche hat – o Graus –
im Schlafe nachts verschluckt
’ne Maus.
Er lief zum Doktor Isegrimm:
„Ach, Doktor, mir geht’s heute schlimm.
Ich hab im Schlaf ’ne Maus verschluckt,
die sitzt im Leib und kneipt und druckt.“
Der Doktor war ein kluger Mann,
man sah’s ihm an der Brille an.
Er hat ihm in den Hals geguckt:
„Wie? Was, ’ne Maus habt Ihr verschluckt?
Verschluckt ’ne Miezekatz dazu,
so lässt die Maus Euch gleich in Ruh!“

Alwin Freudenberg

Wenn das M nicht wär erfunden

Wenn das M nicht wär erfunden,
wäre manches schief und krumm.
Denn dann hießen Max und Moritz
Ax und Oritz. Das wär dumm.

Wenn das M nicht wär erfunden,
wäre mancher übel dran.
Maximilian, der hieße
plötzlich Axi ilian.

Wenn das M nicht wär erfunden,
wär das ABC nicht voll.
Jede Mama hieße a-a.
Und das wäre gar zu toll.

Doch zum Glück ist es erfunden.
Das ist nützlich! Das ist fein!
Denn nun können kleine Kinder
Mutti oder Mami schrein.

James Krüss

Henning oder der Kalender

Henning steht vor dem Kalender.
Das Kalenderblatt
zeigt den 6. Juni an.
Am 20. Juni hat Henning Geburtstag.
Henning kann den Tag
kaum erwarten.
Er soll ein Fahrrad bekommen.

Es ist so schönes Wetter heute.
Hätte ich doch
morgen schon Geburtstag!
Wie kann ich das machen?
Vielleicht regnet es in zwei Wochen.
Ich möchte morgen
schon fahren!

Henning reißt ein Blatt
vom Kalender ab.
Und siehe da, jetzt ist
nicht mehr der 6. Juni.
Es ist schon
der 7. Juni.
Er reißt noch ein Blatt ab.
Schon ist der 8. Juni.
Er reißt noch
ein Blatt ab
und noch eins
und weiter
und
weiter –
bis zum 19. Juni.

Dann ruft Henning:
„Mutter! Mutter!
Morgen habe ich
Geburtstag!“

Der besondere Tag

Das lange Jahr hat einen Tag,
den ich am allerliebsten mag.
Nachts um halb drei erwache ich,
lauf in den Flur und wundere mich:
Da ist es still so wie im Grab.
Weiß denn niemand,
dass ich Geburtstag hab?

Angela Sommer-Bodenburg

Ich gebe dir die Hände

Ich gebe dir die Hände
und schau dir ins Gesicht.
Dass wir so verschieden sind,
das stört uns wirklich nicht.

Ich gebe dir die Hände,
da kann es jeder sehn,
dass du und ich, dass ich und du,
dass wir uns gut verstehn.

Rolf Krenzer

Verschiedene Schriften

Auf dieser Seite steht immer dasselbe.
Aber es sieht immer anders aus.
Das haben vier Kinder für euch geschrieben:
„An alle Kinder, die lesen können. Viele Grüße."

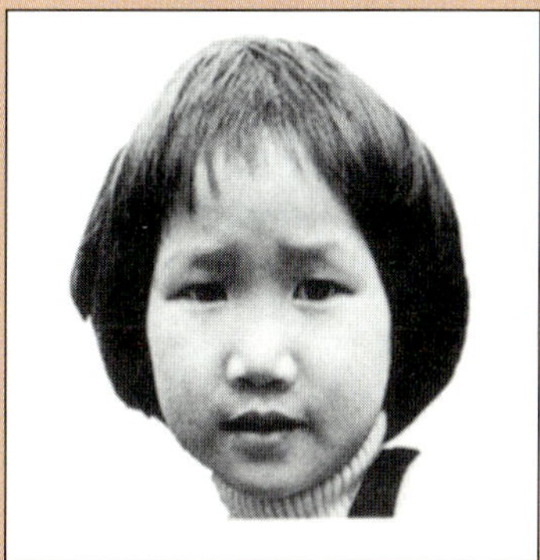

In Japan wird von oben nach unten und von rechts nach links geschrieben. Atsuko zeigt es euch:

読むことができる
すべての子供たちに
よろしく
あつ子

Ramin aus dem Iran hat euch so geschrieben (von rechts nach links):

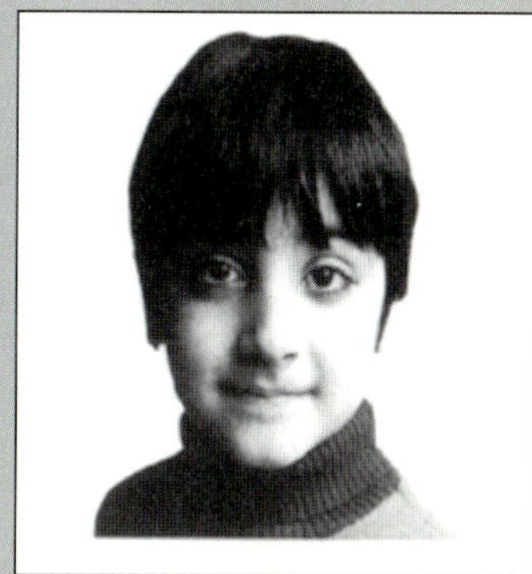

به تمام بچه هائی که میتوانند بخوانند
درود فراوان باد
رامین

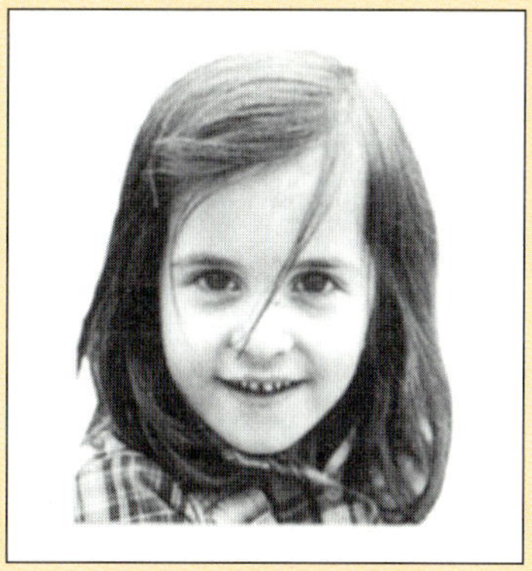

In Adas Heimat Griechenland schreiben die Leute so:

ΣΕ ΟΛΑ ΤΑ ΠΑΙΔΙΑ ΠΟΥ
ΜΠΟΡΟΥΝ ΝΑ ΔΙΑΒΑΖΟΥΝ
ΠΟΛΛΟΥΣ ΧΑΙΡΕΤΙΣΜΟΥΣ.
ΑΝΤΑ

In Indien gibt es verschiedene Schriften.
Arund schreibt so – und zwar von rechts nach links:

அன்புக்குழந்தைகளுக்கு
மனமார்ந்த வாழ்த்துக்கள்
மகரம் சிங்கப்பெருமாள்

Muttertag

Meine liebe Mutter du,
ich will dir Blumen schenken.
Was ich dir sagen will dazu,
das kannst du dir schon denken:

Ich wünsch dir Glück und Fröhlichkeit,
die Sonne soll dir lachen!
So gut ich kann und allezeit
will ich dir Freude machen.

Denn Muttertage, das ist wahr,
die sind an allen Tagen.
Ich hab dich lieb das ganze Jahr!
Das wollte ich dir sagen.

Ursula Wölfel

Meine Mama mag Mäuse.
Mich hat sie so lieb.
Manchmal sagt sie:
„Mein Mäuslein!"
Und ich sage:
„Piep!"
Ute Andresen

Ein alter Mann pflanzte kleine Apfelbäume

Ein alter Mann pflanzte kleine Apfelbäume.
Da lachten die Leute und fragten ihn:
„Warum pflanzt du diese Bäume?
Viele Jahre werden vergehen,
bis sie Früchte tragen,
und du selbst wirst von diesen Bäumen
keine Äpfel mehr essen können."

Da antwortete der Alte:
„Ich selbst werde keine ernten.
Aber wenn nach vielen Jahren
andere die Äpfel von diesen Bäumen essen,
werden sie mir dankbar sein."

Leo Tolstoi

Herbst

Die Linde färbt sich blond.
Das macht sie sehr gekonnt.
Vier Wochen später hat 'se
jedoch schon eine Glatze.
Sie ist darüber nicht verstimmt;
der nächste Frühling kommt bestimmt.
Er bringt den Kopfschmuck ihr zurück;
da hat die Linde großes Glück.
Mein Vater hat es nicht so gut,
drum trägt er meistens einen Hut.

Bernd Lunghard

Löwenzahn

Löwenzahn, Löwenzahn,
zünde deine Lichtlein an!
Lichtlein hell und Lichtlein weiß,
Lichtlein auf der Wiese.

Zauberkerzen stehn im Kreis.
Pust ich oder niese,
löschen alle Lichtlein aus.
Dunkel wird's im Wiesenhaus.

Tausend Fünklein fliegen fort,
blühn an einem andern Ort.
Nächstes Jahr hebt's wieder an:
Löwenzahn, Löwenzahn!

Kurt Kölsch

Der Klee

Donnerwetter!
Der Klee hat vier Blätter.
Vier Blätter heißt Glück –
komm, bück dich und pflück!
Doch hätte er drei,
dann gingst du vorbei.
Die Kuh kann nicht zählen,
nun frisst sie – oh weh! –
den ganzen, den schönen,
den saftigen Klee.

Heinz Kahlau

Drei Kätzchen

Es waren einmal drei Kätzchen –
ein schwarzes, ein weißes und ein graues,
die erspähten eine Maus und rannten ihr nach.
Die Maus sprang in eine Mehldose,
die Kätzchen hinterdrein.
Die Maus entwischte
und aus der Mehldose kletterten drei weiße Kätzchen.

Drei weiße Kätzchen sahen einen Frosch
auf dem Hofe sitzen und rannten ihm nach.
Der Frosch hüpfte in ein altes Ofenrohr,
die Kätzchen hinterdrein.
Der Frosch entsprang
und aus dem Rohr krochen drei schwarze Kätzchen.

Drei schwarze Kätzchen sahen einen Fisch
in einem Teiche schwimmen
und sprangen hinterdrein.
Der Fisch schwamm davon
und aus dem Wasser tauchten drei nasse Kätzchen.
Drei nasse Kätzchen schlichen heimwärts.
Unterwegs trocknete ihr Fell
und sie wurden, was sie vorher gewesen waren:
ein schwarzes, ein weißes und ein graues Kätzchen.

Wladimir Sutejew

Fernsehen

Knispel ist von Anja zum
Geburtstag eingeladen worden.
Sie freut sich sehr und kauft
mit Frau Sonder ein Geschenk.
Dazu malt sie ein Bild.
Sie zieht sich fein an
und geht erwartungsvoll
mit ihrem Päckchen
allein ins Nachbarhaus.

Nach vier Stunden erst kommt eine blasse, müde, missmutige Knispel zurück.
„War es denn schön?“, fragt Jan.
„Ach, es geht“, sagt Knispel.
„Waren viele Kinder da?“, will Jan wissen.
„Ich glaube, sechs“, antwortet Knispel.
„Wieso glaubst du?
Du kannst doch zählen!“, meint Jan.
„Ja, aber es war so dunkel“,
erwidert Knispel.
„Das finde ich aber komisch.
Habt ihr im Dunkeln gespielt?“,
erkundigt sich Jan hartnäckig.
Da schreit Knispel plötzlich los:
„Wir haben gar nicht gespielt!“
„Ja, aber was habt ihr dann
so lange gemacht?“
„Ferngesehen – die ganze Zeit!“

Eva Simon

Der süße Brei

Es war einmal ein armes, frommes Mädchen,
das lebte mit seiner Mutter allein
und sie hatten nichts mehr zu essen.

Da ging das Kind hinaus in den Wald
und da begegnete ihm eine alte Frau,
die wusste seinen Jammer schon
und schenkte ihm ein Töpfchen,
zu dem sollte es sagen: „Töpfchen koche“,
so kochte es guten, süßen Hirsebrei,
und wenn es sagte: „Töpfchen steh“,
so hörte es auf zu kochen.

Das Mädchen brachte den Topf seiner Mutter heim
und nun waren sie ihrer Armut
und ihres Hungers ledig
und aßen süßen Brei, sooft sie wollten.

Auf eine Zeit
war das Mädchen
ausgegangen,
da sprach die Mutter: „Töpfchen koche."
Da kocht es und sie isst sich satt.
Nun will sie, dass das Töpfchen wieder
aufhören soll, aber weiß das Wort nicht.
Also kocht es fort und der Brei steigt
über den Rand und kocht immerzu,
die Küche und das ganze Haus voll
und das zweite Haus und die Straße,
als wollt's die ganze Welt satt machen,
und ist die größte Not
und kein Mensch weiß zu helfen.

Endlich, wie nur noch ein einziges Haus übrig ist,
da kommt das Kind heim und spricht nur:
„Töpfchen steh."
Da steht es und hört auf zu kochen.
Und wer in die Stadt wollte,
der musste sich durchessen.

Brüder Grimm

Ein Vogelnest

In der Hecke ist ein Vogelnest.
Das haben Amseln gebaut.
Vier kleine Eier liegen darin.

Die Vogelmutter sitzt
auf den Eiern.
Mit ihren Federn
wärmt sie diese.
11–14 Tage muss sie brüten.

Dann schlüpfen die Vögel
aus den Eiern.
Noch sehen sie klein
und hässlich aus.

Da kommt
der Vogelvater
und bringt Futter.
Weit sperren
die Jungen
ihre Schnäbel
auf.

Wie ein Schmetterling entsteht

Der Schmetterling
legt viele Eier
an die Unterseite
eines Blattes.
Aus den Eiern
schlüpfen die Raupen.

Dann verpuppt sich die Raupe.
Aus dieser Puppe kriecht der
fertige Schmetterling.

Wie schön er aussieht!
Wie er von Blüte zu Blüte fliegt!

Die Geschichte vom schönen neuen Schmetterling

Einmal ist ein Schmetterling
aus einem Loch in der Mauer
gekrochen, ein ganz neuer Schmetterling.

Er hatte wunderschöne bunte Flügel,
aber er ist nicht fortgeflogen,
er ist auf der Mauer sitzen geblieben.

Die anderen Schmetterlinge sind an ihm
vorbeigeflogen, der Wind hat sie getragen
und sie haben sich Nektar von den Blumen geholt.

Aber der neue Schmetterling
hatte Angst vor dem Fliegen.
Die Bienen sind um ihn herum gesummt,
die Mücken haben um ihn herum getanzt
und die dicke Hummel
ist über ihm durch die Luft gebrummt.

Aber der neue Schmetterling
hatte immer noch Angst vor dem Fliegen.

Seine schönen Flügel haben gezittert,
er hat die Fühler an seinem Kopf weit ausgestreckt
und mit den Beinen hat er sich an der Mauer festgehalten.

Aber da ist der Wind gekommen.
Er hat den schönen neuen Schmetterling
einfach aufgehoben
und hoch in die Luft getragen.

Da musste der Schmetterling fliegen
und da wollte er
nur noch fliegen und fliegen,
so herrlich war das!

Ursula Wölfel

Nüsseknacken

Holler, boller, Rumpelsack –
Niklas trug sie huckepack,
Weihnachtsnüsse gelb und braun,
runzlig, punzlig anzuschaun.

Knackt die Schale, springt der Kern:
Weihnachtsnüsse ess ich gern.
Komm bald wieder in dies Haus,
alter, guter Nikolaus!

Albert Sergel

Vor Weihnachten

Zünden wir ein Lichtlein an,
sagen wir dem Weihnachtsmann:
„Lieber Alter, es wird Zeit!
In vier Wochen ist's so weit!"

Zünden wir zwei Lichtlein an,
mahnen wir den Weihnachtsmann:
„Pack schon die Geschenke ein!
Bald muss alles fertig sein!"

Zünden wir drei Lichtlein an,
sputet sich der Weihnachtsmann,
füllt den Sack bis an den Rand,
Schimmel wird bald eingespannt.

Zünden wir vier Lichtlein an,
schmunzelt froh der Weihnachtsmann,
hat ja alles schon bereit
für die schöne Weihnachtszeit.

Ursula Dörge

Der tollpatschige Osterhase

Es war einmal ein kleiner, tollpatschiger Osterhase.
Dem fiel beim Ostereiermalen
immerzu der Pinsel hin
oder er tupfte mit der Nase
oder mit den Ohren in die Farbe.
So hatte er schließlich eine rote Nase,
ein gelbes und ein grünes Ohr,
ein blaues und ein weißes Bein
und ein violettes Puschelschwänzchen.

Alle anderen Osterhasen lachten,
wenn sie ihn sahen:
„Hahaha, du hast ja eine ganz rote Nase"
und „Hahaha, du hast ja ein gelbes Ohr"
und so weiter.

Zum Schluss fielen ihm alle Farbtöpfe um
und auf dem Boden gab es eine große Pfütze.

„Ach du liebe Zeit!", rief der kleine Osterhase.
Und dabei stieß er aus Versehen an den Tisch
und alle Eier, die er schon angemalt hatte,
und auch die, die er noch nicht angemalt hatte,
fielen hinunter in die bunte Pfütze.
Es war noch ein Glück, dass sie nicht kaputtgingen,
denn der Waldboden war weich vom Moos
und von den Gräsern.

Wieder lachten die anderen Hasen
über den armen kleinen Tollpatsch
und er weinte eine Zeit lang.
Aber als er anfing
die Eier wieder in den Korb einzusammeln,
da sah er, dass ...

Heinrich Hannover

Inhaltsverzeichnis

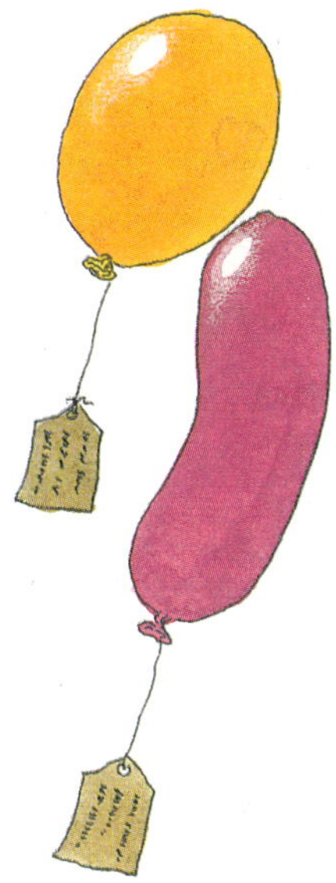

Quellenverzeichnis

S. 7: Heute ist das Wasser warm. Adolf Holst. Aus: Tandaradei. Neue Kinderlieder. Oldenburg: Stalling (Rechte bei: Cordula Holst, Bückeburg) – **S. 17:** Die kleine Fußballmannschaft. Herbert Erdmann. Aus: Hans Joachim Gelberg (Hrsg.), Die Stadt der Kinder. Recklinghausen: Georg Bitter Verlag 1969 – **S. 18:** Bunte Kreide. Aus: Mein Lese- und Arbeitsbuch. Bonn: Dümmlers Verlag 1955 – **S. 29:** Ich nahm das kleine Buch zur Hand. Frantz Wittkamp. Aus: Ich glaube, dass du ein Vogel bist. Weinheim-Basel: Beltz Verlag 1987, Programm Beltz und Gelberg – **S. 43:** Spuren. Josef Guggenmos. Aus: Oh, Verzeihung, sagte die Ameise. Weinheim-Basel: Beltz Verlag 1990, Programm Beltz und Gelberg – **S. 51:** Der Igel (Auszug). Sarah Kirsch. Aus: Gerhard Holtz-Baumert (Hrsg.), Menschen, liebe Menschen, lasst die Erde stehen. Berlin: Der Kinderbuch-Verlag 1969 – **S. 71:** Autos haben Gummipfoten (Auszug). Jürgen Rennert. Aus: Edith George (Hrsg.), Was sieht die Ringeltaube? Berlin: Der KinderbuchVerlag 1978 – **S. 77:** Stern, Stern scheine. Paula Dehmel. Aus: Richard R. Klein (Hrsg.), Willkommen, lieber Tag, Bd. 1. Frankfurt/M.: Diesterweg Verlag 1964 – **S. 80/81:** Der dicke, fette Pfannkuchen. Volksgut – **S. 86:** Die ganze Familie. Unbekannter Verfasser. Aus: Helga und Kristof Wachinger (Hrsg.): Das schwarze, weiße, runde, bunte Vorlesebuch für Mütter und Kinder. Ebenhausen: Langewiesche-Brandt. – **S. 87:** Es war eine Mutter. Volksgut. Aus: Rolf Kauka (Hrsg.), Mit Bussi-Bär spielend lernen. Rastatt: VPM 1990 – **S. 88/89:** Kennst du die Zahlwörter? Bernd Gärtig. Aus: Rolf Kauka (Hrsg.), Mit Bussi-Bär spielend lernen. Rastatt: VPM 1990 – **S. 90:** Der Bärentanz. Nils Werner. Aus: Teddy Brumm. Leipzig: Dr. Herbert Schulze, Buch- und Kunstverlag Nachf. 1960 – **S. 91:** Die Sonne hat es gut. Peter Abraham. Aus: abc, lesen tut nicht weh. Berlin: Der KinderbuchVerlag 1975 – **S. 92:** Die Mücke. Thomas Luthard. Aus: ABC-Zeitung, Heft 17/1990. Berlin: Verlag Junge Welt 1990 – **S. 93:** Die Sonne oder der Mond. Vera Ruoff. Aus: Sachen zum Lachen. Bindlach: Loewes Verlag 1978 – **S. 94:** Regenlied. Volksgut. Aus: Ilse Bilse. Berlin: Der KinderbuchVerlag 1981 – **S. 95:** Nasse Rätsel. Ingrid Heller. Aus: Mein kleines Regenbuch. Berlin: Altberliner Verlag o.J. – **S. 97:** Das wünsch ich mir. Rolf Krenzer. Aus: Hallo Tag – Mein Kalenderbuch. Limburg: Lahn-Verlag 1990 – **S. 98:** Schon seit Tagen. Alfred Könner. Aus: Wer wie was wo in Wald und Feld. Bad Goisern: Neugebauer 1972 – **S. 99:** Eine gute Frage. Manfred Mai. Aus: 111 Minutengeschichten. Ravensburg: Ravensburger Buchverlag Otto Maier 1991 – **S. 100:** Fips, der kleine Hund. Ture Casserberg. Aus: Mein erstes Taschenbuch. Ravensburger Taschenbücher, Bd. 18. Ravensburg: Ravensburger Buchverlag Otto Maier 1972 – **S. 101:** Segelbootpartie. Erich Weinert. Aus: Kinder schaut mal, wie wir fliegen. Berlin: Alfred Holz Verlag 1959 – **S. 102:** Vom Riesen Timpetu. Alwin Freudenberg. Aus: Vom Riesen Timpetu. Berlin: Der KinderbuchVerlag o. J. – **S. 103:** Wenn das M nicht wär erfunden. James Krüss. Aus: Bienchen, Trinchen, Karolinchen. Erlangen: Boje-Verlag 1968 – **S. 104:** Henning und der Kalender. Aus: Muth/Renneberg/Herbst, Lustige Leseschule. Bochum: Kamp Verlag o. J. – **S. 105:** Der besondere Tag. Angela Sommer-Bodenburg. Aus: Ich lieb dich trotzdem immer. Köln: Middelhauve Verlag 1982 – **S. 106:** Ich gebe dir die Hände. Rolf Krenzer. Aus: Ich gebe dir die Hände. Aus: Rolf Krenzer/Ludger Edelkötter, Neue Spiellieder zum Gernhaben. Drensteinfurt: Impulse-Musikverlag Ludger Edelkötter 1983 – **S. 107:** Verschiedene Schriften. Irmgard Eberhard. Aus: spielen und lernen, Heft 6/1978 Seelze: Velber Verlag 1978 – **S. 108:** Muttertag. Ursula Wölfel. Aus: Wunderbare Sachen. Düsseldorf: Schwann Verlag 1966 – **S. 109:** Meine Mama mag Mäuse. Ute Andresen. Aus: Ute Andresen/Monika Popp, ABC – und alles auf der Welt. Ravensburg: Ravensburger Buchverlag Otto Maier 1984 – **S. 110:** Ein alter Mann pflanzte Apfelbäume. Leo Tolstoi. Aus: Kleine Geschichten. Berlin: Der KinderbuchVerlag 1966 – **S. 111:** Herbst. Bernd Lunghard. Aus: ABC-Zeitung, Heft 19/1990. Berlin: Verlag Junge Welt 1990 – **S. 112:** Löwenzahn. Kurt Kölsch. Aus: Richard R. Klein (Hrsg.), Willkommen, lieber Tag, Bd. 1. Frankfurt/M: Diesterweg Verlag, 12. Aufl. 1975 – **S. 112:** Der Klee. Heinz Kahlau. Aus: Der Rittersporn blüht blau im Korn. Berlin: Der KinderbuchVerlag 1974 – **S. 113:** Drei Kätzchen. Aus: Wladimir Sutejew, Lustige Geschichten. © Raduga-Verlag, Moskau. Leipzig: (Lizenzausgabe) LeiV 1994 – **S. 114/115:** Fernsehen. Eva Simon. Aus: Geschichten von Jan und Knispel. dtv junior, Bd. 7575. München: Deutscher Taschenbuch Verlag 1978 – **S. 116/117:** Der süße Brei. Erzählt nach den Brüdern Grimm. Aus: Kinder- und Hausmärchen, gesammelt durch die Brüder Grimm. Zweiter Teil. Frankfurt: Insel Verlag o.J. – **S. 120/121:** Die Geschichte vom schönen neuen Schmetterling. Ursula Wölfel. Aus: Siebenundzwanzig Suppengeschichten. Düsseldorf: Hoch o. J. (*jetzt* Stuttgart: Thienemanns Verlag) – **S. 122:** Nüsseknacken. Albert Sergel. Aus: Ringelreihen, Kindergedichte. Rostock: Hinstorff-Verlag 1907 – **S. 123:** Vor Weihnachten. Ursula Dörge. Aus: Bei uns in der Stadt. Berlin: Volk und Wissen Verlag 1962 – **S. 124/125:** Der tollpatschige Osterhase. Heinrich Hannover. Aus: Das Pferd Huppdiwupp. rororo rotfuchs, Bd. 5. Reinbek: Rowohlt Verlag 1972

Bildnachweis

S. 45 *oben links:* Rawi/Mauritius, Mittenwald – *oben rechts:* Schindler/Mainbild, Frankfurt – *unten links und rechts:* Palmer/Mauritius, Mittenwald – **S. 107** *oben links, oben rechts und Mitte:* Pressefoto Michael Seifert, Hannover – **S. 118** *oben:* Wendler/Silvestris, Kastl – *Mitte:* Kellner/Okapia, Frankfurt und Berlin – *unten:* Wilmshurst/Silvestris, Kastl – **S. 119** *oben:* de Cuveland – *Mitte:* Kuch – *unten:* Willner/*alle* Silvestris, Kastl

---

Lesestart
mit Schulausgangsschrift

Illustrationen: Matthias Berghahn
Umschlaggestaltung: Knut Waisznor
Technische Umsetzung: Katharina Wolff

1. Auflage ✔ Druck 5 4 3 2 Jahr 2000 99 98 97

Alle Drucke dieser Auflage können im Unterricht nebeneinander verwendet werden.

Druck: Cornelsen Druck, Berlin

ISBN 3-464-20023-X

Bestellnummer 200230

gedruckt auf säurefreiem Papier, umweltschonend hergestellt
aus chlorfrei gebleichten Faserstoffen

U u
M m
I i
L l
O o
T t
P p
N n
E e
S s
A a
R r